Inhalt

Schufa und Co. - Wirtschaftsauskunfteien im Spannungsfeld von Gläubigerschutz und Privatsphäre

Kernthesen

Beitrag

Fallbeispiele

Weiterführende Literatur

Impressum

Schufa und Co. - Wirtschaftsauskunfteien im Spannungsfeld von Gläubigerschutz und Privatsphäre

G. Dengl

Kernthesen

- Wirtschaftsauskunfteien stellen anfragenden Unternehmen schon seit jeher bonitätsrelevante Angaben über deren potenzielle Geschäftspartner zur Verfügung.
- Sie schützen dadurch einerseits die Gläubiger und verhindern andererseits vielfach auch, dass Privatpersonen und Unternehmen in eine Verschuldungsspirale

geraten.
- Die Daten, die gesammelt werden, um die Kreditwürdigkeit zu beurteilen, zeigen zunächst in erster Linie die finanzielle Situation. Diese Informationen sind natürlich aber auch für andere Zwecke wie beispielsweise für den Vertrieb hochinteressant.
- Wenngleich die Gesetze zum Datenschutz enge Grenzen setzen, so ist doch das Umfeld der risiko- und vertriebsrelevanten Kundeninformation sehr lukrativ. Neben den klassischen Wirtschaftsauskunfteien drängen bereits weitere Anbieter auf diesen Markt.

Beitrag

Wozu Wirtschaftsauskunfteien und welche?

Wirtschaftsauskünfte über Geschäftspartner, gleich ob Privatperson oder Unternehmen, sind vor allem für Unternehmen interessant, die bei einer Geschäftsbeziehung in irgendeine Art von Vorleistung gehen. Das anfragende Unternehmen muss gegenüber der Auskunftei aber vorher ein "berechtigtes Interesse" gemäß dem Bundesdatenschutzgesetz erklären. Gründe, die zur Auskunftseinholung berechtigen, sind unter anderem: Geschäftsanbahnungen, Forderungseinzüge sowie Kauf-, Miet- oder Leasingverträge. Die geltenden Datenschutzbestimmungen sollen dabei den Missbrauch von personenbezogenen Daten verhindern. Die Angebotspalette für derartige Auskünfte ist inzwischen groß, und in den letzten Jahren drängen auch vermehrt internationale Dienstleister in den lukrativen deutschen Markt.

Mittlerweile gibt es in Deutschland über hundert Auskunfteien. Einen Zulassungsvorgang für Auskunfteien gibt es nicht, was den Verbrauchern oder Unternehmen einen Überblick erleichtern könnte, wer ihre Daten hat. Die meisten klassischen Auskunfteien konzentrieren sich zwar auf ein Segment nämlich B2C oder B2B, bieten aber vielfach durch Kooperationen inzwischen "Komplettlösungen" für Unternehmen, die in beiden Bereichen aktiv sind. So hat beispielsweise die Schufa ihren Schwerpunkt lange Zeit im Segment der Privatpersonen und gilt hier als Marktführer, dem allerdings unter anderem die Bertelsmanntochter Arvato-Infoscore mittlerweile deutliche Marktanteile abnimmt. Daher setzt die Schufa inzwischen vermehrt auch auf Firmenauskünfte. Umgekehrt ist Creditreform, der

Marktführer für deutsche Firmenbonitäten, inzwischen auch bei den Personenauskünften eingestiegen; wie auch der Konkurrent Bürgel, der hierfür mit der Schufa kooperiert. Ausschließlich den Firmen widmen sich in Deutschland beispielsweise noch die Töchter der schwedischen Bisnode-Gruppe Hoppenstedt und D&B Deutschland, der deutsche Zweig des internationalen Marktführers für Firmeninformationen D&B. (8), (9), (11)

Wie die Daten erhoben werden

Es gibt verschiedene Möglichkeiten, bonitätsrelevante Daten zu sammeln. Die Bonitätsbeurteilung eines Unternehmens hängt im Kern von zwei Einflussfaktoren ab. Der eine ist die sogenannte Hard-Fact-Bonität, die auf Bilanz sowie Gewinn- und Verlustrechnung basiert; letzlich also ein objektiver Wert, der sich auf Kennzahlen gründet. Den objektiven Wert definiert allerdings jede Auskunftei geringfügig anders. Ein zweiter Teil basiert auf der Betrachtung von Softfacts wie Branche, Management und, soweit möglich, die Steuerungsinstrumente, die im Unternehmen zum Einsatz kommen. In die Bonitätsdaten zum Unternehmen fließen hierüber also auch Negativmerkmale zu Unternehmensvertretern ein (wie eidesstattliche Versicherungen oder gar Haftbefehle). Basis für

Personenauskünfte sind öffentliche Daten wie Telefonbucheinträge oder auch das Schuldnerverzeichnis der Amtsgerichte. Hinzu kommen Informationen zum Konsumentenumfeld wie mikrogeografische Daten und natürlich auch die von den Auskunftsempfängern eingebrachten historischen Kredit- und Konsumaktivitäten, die den Auskunfteien vorliegen.

Neben der Sondierung von Sekundärinformationen (Telefon- und Adressbücher, Bundesanzeiger, Handels- und Vereinsregister, Meldungen über Insolvenzen) sind sowohl bei Unternehmens- als auch bei Personenauskünften die jeweiligen Netzwerke, die die Auskunfteien betreiben, die eigentliche Datenquelle. So wird beispielsweise von einer Bank, die Schufa-Informationen über einen Kreditinteressenten abfragt, verlangt, dass sie dessen späteres Kreditverhalten (z. B. ordnungsgemäße Rückführung des Krediates, Zahlungsstörung, Zahlungsausfall) unmittelbar der Schufa meldet. Andere Banken, die an das Schufa-Netzwerk angeschlossen sind, haben dann die Möglichkeit, sehr schnell risikobegrenzende Maßnahmen einzuleiten und gegebenenfalls eine Kreditlinie für diesen Kunden nicht zu verlängern. Bei anderen Wirtschaftsauskunfteien wie Creditreform läuft es letztlich ähnlich. Der Netzwerk-Gedanke entspringt einer gewissen Versicherungslogik: Wenn Banken oder Unternehmen ihre Informationen über Schuldner bündeln, dann ist der Schaden, den ein Schuldner anrichten kann, gering, da er die Schulden gegebenenfalls mit einem Kredit einer anderen Bank bezahlen kann. Es wird im Laufe der Zeit zwar jede Bank früher oder später einmal von einem Zahlungsausfall betroffen sein, aber das Risiko bleibt jeweils auf eine oder wenige Banken oder Unternehmen begrenzt, da alle Anderen rechtzeitig gewarnt sind. (12), (13)

Individueller Schutz vor Überschuldung und volkswirtschaftlicher Nutzen

Insbesondere im Hinblick auf Privatpersonen geben Auskunfteien an, dass sie diese vor Überschuldung schützen. Das Prinzip: Ein Schuldner, der in finanziellen Nöten steckt, bekommt aufgrund eines negativen Auskunftei-Eintrages bei keiner Bank mehr Geld und kann so nicht alte Schulden durch neue, höhere Schulden ersetzen. Die Schuldenspirale wird an dieser Stelle durchbrochen.

Diese volkswirtschaftlich sinnvolle Funktion wird von den betroffenen Schuldnern freilich ganz anders wahrgenommen. Erst wenn ihnen von den Banken ein weiterer Kredit mit Hinweis auf einen negativen Eintrag bei einer Auskunftei verwehrt wird, wähnen sie sich in einer Schuldenfalle - und machen oftmals die Auskunftei dafür verantwortlich.

Neben der Beobachtung der Schuldenentwicklung von Einzelpersonen und Unternehmen veröffentlichen die Auskunfteien darüber hinaus auch auf der Basis ihrer Daten Berichte über deutschlandweite Entwicklungen, die einen Einfluss auf Wirtschaft und Politik haben (z. B. Bürgel Schuldenbarometer, Creditreform Wirtschaftsindikator oder Schuldneratlas). (3), (4), (5)

Nutzen und Risiken des Scoring

Wenngleich der Gläubigerschutzgedanke die Basis für die Arbeit der Auskunfteien bildet, so wurde doch recht schnell klar, dass mit den gesammelten Informationen noch mehr anzufangen war, als diese einfach an die anfragenden Unternehmen weiterzuleiten. So bieten die meisten Auskunfteien nicht mehr lediglich nur Rohinformationen über einen Geschäftspartner an, sondern auch zusätzliche Informationen wie beispielsweise Scorings. Diese Angaben beruhen auf statistischen Analysen der Auskunfteien über die Kreditwürdigkeit oder andere Aspekte des Zahlungsverhaltens des Betroffenen; so offeriert zum Beispiel arvato infoscore spezielle Scores für Mobilfunk- oder Pay-TV-Anbieter. Die anfragenden Unternehmen wissen solche Dienstleistungen durchaus zu schätzen, da sie dann nicht mehr selbst eine Risikoeinschätzung vornehmen müssen. Die Kehrseite der Medaille: Zu oft wird den Einschätzungen der Auskunfteien einfach "geglaubt", ohne sie zu hinterfragen. Ob diese Einschätzungen immer richtig sind, ist indes nicht bewiesen. (7)

Sich ausschließlich auf Wirtschaftsauskünfte zu verlassen, wird als Insolvenzschutzmaßnahme auch nicht ausreichen, wenngleich diese Informationen natürlich nützlich sind, um sich überhaupt mit Kunden oder Lieferanten zu beschäftigen. Dies sollte allerdings nur eine von vielen Maßnahmen sein, da die Ursachen für Insolvenzen sehr unterschiedlich sein können. Bei der Einschätzung von Unternehmen spielt zudem die strategische Ausrichtung eine immer wichtigere Rolle. Es ist daher ratsam, verschiedene Quellen zu prüfen, um ein Bild über Kunden und Lieferanten zu erhalten. Aus Wirtschaftlichkeitsgründen ist es oftmals auch sinnvoll, sich auf Großkunden zu beschränken und Kleinrisiken durch die Streuung der Kunden und/oder ein ausreichendes Eigenkapitalpolster abzufangen. (13)

Trends

Verwendung der erhobenen Daten für Vertriebszwecke

Neben den reinen Dienstleistungen zum Gläubigerschutz wie z. B. ein Bonitäts-Scoring weist vor allem die Analyse von Privatpersonen-Daten deutliches Geschäftspotenzial für die Auskunfteien auf. Genau die Privatpersonen, die eine hohe Kreditwürdigkeit haben, sind in der Regel auch für das Marketing interessant. Die vielen Zahlungsverkehrsdaten, die mittlerweile bei den Auskunfteien erfasst werden (z. B. Bankkredite, Ratenkauf, Telefon, Handy, Internet, Pay-TV), verknüpft mit weiteren Informationen (z. B. Einkommen, Wohnort, Dauer des aktuellen Beschäftigungsverhältnisses), erlauben eine recht brauchbare Prognose des zukünftigen Konsumverhaltens. Wenngleich diese Daten aus Gründen des Gläubigerschutzes erhoben werden, so sind sie nun einmal verfügbar; und kein Unternehmen kann sich der Faszination entziehen, diese auch für Vertriebszwecke zu nutzen.

Privatkunden können ebenfalls Informationen über Unternehmen einholen

Mittlerweile bieten einige Auskunfteien (z. B. Schufa, Creditreform) auch Privatkunden die Möglichkeit, sich über die Kreditwürdigkeit ihrer Geschäftspartner zu informieren. Dies ist vor allem für Bauherren interessant, die mit vielen kleineren Dienstleistern zu tun haben und das Risiko abwenden möchten, dass einer von ihnen Insolvenz anmeldet, bevor die vereinbarten Arbeiten erledigt sind. (1)

Neue Auskunftspflicht wird den Aufwand erhöhen

Die Novellierung des Bundesdatenschutzgesetzes wird den Scoringaufwand für Auskunfteien und Unternehmen deutlich erhöhen. In § 34 BDSG wurde eine Auskunftspflicht niedergelegt, die Auskunfteien verpflichtet, zwölf Monate lang sämtliche Scores zu beauskunften; für Unternehmen aus der Wirtschaft gilt die Frist sechs Monate. Die Scores müssen also künftig gespeichert und gegebenenfalls erläutert werden. Ob und in welchem Umfang diese Abfragen von Verbrauchern überhaupt in Anspruch genommen werden, ist noch nicht abzusehen; ebenso wenig wie die Kosten, die der Wirtschaft durch die Implementierung der Verfahren entstehen. (11)

Fallbeispiele

Neue Anbieter drängen ins Geschäftsfeld der Auskunfteien

Nicht nur bei den Auskunfteien werden Daten gesammelt. Auch Zahlungsverkehrsdienstleister für EC-Karten bekommen mit, wann eine Privatperson in finanzielle Not kommt. Beim Bezahlen mit EC-Karten gibt es zwei Varianten: per Lastschrift (hierfür genügt die Unterschrift des Kunden) oder per PIN. Beim ersten Verfahren liegt das Risiko des Ausfalls zunächst beim Händler, beim PIN-Verfahren dagegen bei den Banken. Während das Lastschriftverfahren für den Handel kostenlos ist, fällt bei PIN-Verfahren eine Gebühr an. Nun hat der Handel es mittlerweile geschafft, das Risiko im Falle des Lastschriftverfahrens teilweise auf die Abwickler abzuwälzen. Diese erstellen daraufhin zum Selbstschutz Risikoprofile über Kunden, um bei riskanten Kunden das PIN-Verfahren zu erzwingen. Rechtlich unklar ist noch, inwieweit die Erstellung solcher Profile ohne explizite Einwilligung des Kunden erlaubt ist. Bekannt wurde diese Praxis durch einen TV-Bericht über den Netzbetreiber Easycash aus Ratingen. Später stellte sich heraus, dass dies kein Einzelfall war. (2)

Für Auskunfteien stellen die entstehenden Datenpools der Zahlungsverkehrsdienstleister eine gewisse Bedrohung dar, da sie ähnliche Daten einsammeln, aber viel näher am "Puls" des Kunden arbeiten.

Creditreform bietet auch Ratings für große Mittelständler an

Die Wirtschaftsauskunftei Creditreform weitet ihr Geschäftsgebiet aus und drängt in das angestammte Geschäftsfeld der großen Rating-Agenturen Standard & Poors, Moodys und Fitch. Creditreform bietet inzwischen auch Ratings für Anleihen großer Mittelständler zu einem konkurrenzfähigen Preis an. Während DAX-Unternehmen bereits ausreichend mit Ratings versorgt sind, bietet sich gerade in dem Marktsegment darunter noch Wachstumspotenzial. Nun müssen die großen Rating-Agenturen reagieren. (6), (9)

Hoppenstedt 360 liefert Wirtschaftsauskünfte via App

Bonitätsauskünfte aufs iPhone liefert die Lift360 App von Hoppenstedt, die kostenfrei über den App-Store erhältlich ist. Eine Anwendung für den Blackberry folgt in Kürze. Geliefert werden ein Überblick über wichtige Finanzkennzahlen der Unternehmen sowie der dazugehörige Bonitätsindex. Ein zusätzlicher PDF-Bericht kann bei Bedarf gezogen werden und macht Bilanzen und Beteiligungsinformationen verfügbar. (10)

Weiterführende Literatur

(1) Schufa bietet erstmals Auskünfte über Firmen
aus Financial Times Deutschland vom 24.11.2010, Seite 17

(2) Datenaffäre bei EC-Karten Abwicklerfirmen ordnen Kunden heimlich in Risikoklassen ein · Riesige Datenpools
aus Financial Times Deutschland vom 24.09.2010, Seite 17

(3) Auskunfteien - Ungenutztes Potenzial?
aus Zeitschrift für das gesamte Kreditwesen 20 vom 15.10.2010 Seite 1064

(4) Special_Verschuldung_Haushalte
aus Bankmagazin, Heft 2010/09, S. 44-45

(5) Creditreform warnt vor Bonitätserosion
aus Börsen-Zeitung, 08.09.2010, Nummer 172, Seite 1

(6) Ohne die Großen
aus FINANCE - Der Markt für Unternehmen und Finanzen Heft 10 vom 24.09.2010, Seite 32

(7) Nach dem Auslandsjob auf Ramsch-Status
aus Frankfurter Allgemeine Zeitung, 09.10.2010, Nr. 235, S. 19

(8) Einstieg in Unternehmensauskünfte
aus Password, Heft 09/2010, S. 17

(9) Deutscher Mittelstand risikobewusster und auf alternative Finanzierungsformen angewiesen
aus Password, Heft 09/2010, S. 17

(10) Bonitätsauskünfte über den iPhone
aus Password, Heft 09/2010, S. 13

(11) "Das Interesse der Verbraucher an Scores ist relativ gering"
aus Bank und Markt 04 vom 01.04.2010 Seite 014

(12) "Die Hausbank erhält keinen Freifahrtschein"
aus Deutscher Drucker Nr. 37 vom 11.11.2010 Seite 40

(13) Insolvenzschutz: Erst Kunden prüfen, dann ausliefern
aus VDI NR. 44 VOM 05.11.2010 SEITE 18

Impressum

Schufa und Co. - Wirtschaftsauskunfteien im Spannungsfeld von Gläubigerschutz und Privatsphäre

Bibliografische Information der deutschen Nationalbibliothek

Die Deutsche Nationalbibliothek verzeichnet diese Publikation in der deutschen Nationalbibliografie; detaillierte bibliografische Daten sind im Internet über http://dnb.d-nb.de abrufbar.

ISBN: 978-3-7379-0504-6

© 2015 GBI-Genios Deutsche Wirtschaftsdatenbank GmbH, Freischützstraße 96, 81927 München, www.genios.de

Alle Rechte vorbehalten. Dieses Werk ist einschließlich aller seiner Teile – z.B. Texte, Tabellen und Grafiken - urheberrechtlich geschützt. Jede Verwertung außerhalb der Grenzen des Urheberrechtsgesetzes bedarf der vorherigen Zustimmung des Verlags. Dies gilt insbesondere auch für auszugsweise Nachdrucke, fotomechanische Vervielfältigungen (Fotokopie/Mikroskopie), Übersetzungen, Auswertungen durch Datenbanken oder ähnliche Einrichtungen und die Einspeicherung und Verarbeitung in elektronischen Systemen.